Impressum
Verlag: BABADADA GmbH, Nedderfeld 112 , 22529 Hamburg
Geschäftsführer / Verlagsleitung: Harald Hof
Druck: Books on Demand GmbH, In de Tarpen 42, 22848 Norderstedt

Imprint
Publisher: BABADADA GmbH, Nedderfeld 112 , 22529 Hamburg, Germany
Managing Director / Publishing direction: Harald Hof
Print: Books on Demand GmbH, In de Tarpen 42, 22848 Norderstedt

skool
colegio

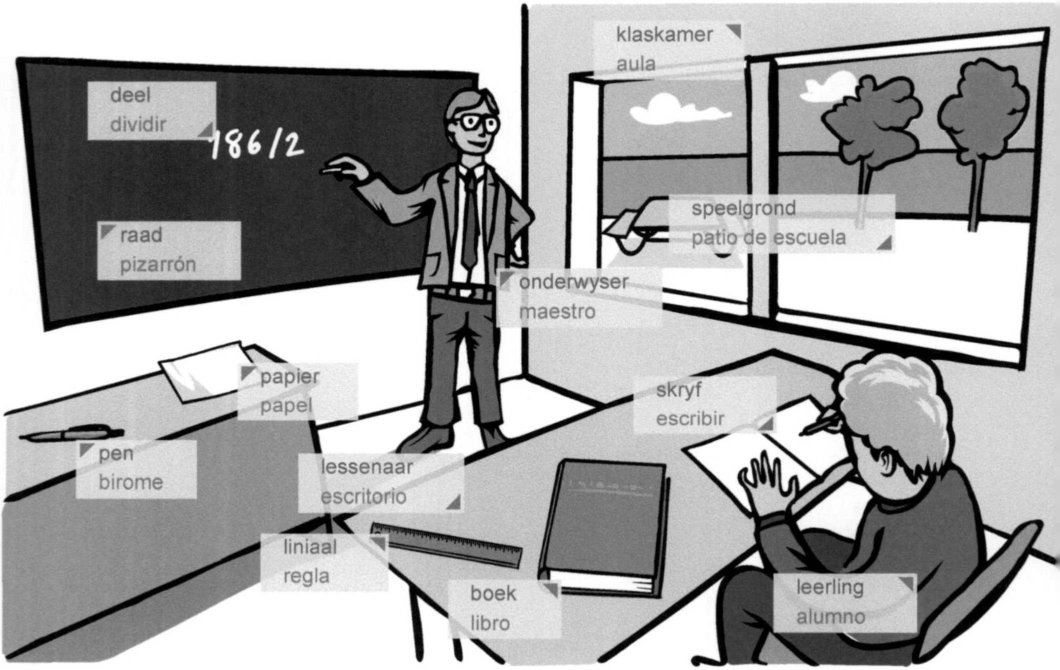

klaskamer
aula
deel
dividir
186/2
raad
pizarrón
speelgrond
patio de escuela
onderwyser
maestro
papier
papel
skryf
escribir
pen
birome
lessenaar
escritorio
liniaal
regla
boek
libro
leerling
alumno

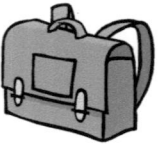

skooltas
mochila

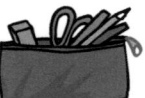

potloodhouer
caja de lápices

potlood
lápiz

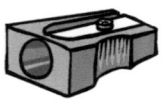

skerpmaker
sacapuntas

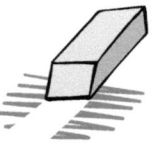

rubber
goma (de borrar)

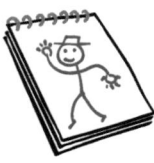

tekenblok
bloc de dibujo

tekening

dibujo

verfkwas

pincel

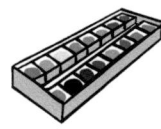

verfoppervlak

caja de pinturas

skêr

tijera

gom

pegamento

oefenboek

cuaderno de ejercicios

huiswerk

tarea

12

aantal

número

2+2

optel

sumar

5-2

aftrek

restar

2×2

maal

multiplicar

bereken

calcular

A

brief

letra

ABCDEFG HIJKLMN OPQRSTU VWXYZ

alaphabet

abecedario

woord

palabra

teks

texto

lees

leer

kryt

tiza

les

lección

registreer

cuaderno de clase

eksamen

examen

sertifikaat

certificado

skooluniform

uniforme escolar

onderwys

educación

ensiklopedie

enciclopedia

universiteit

universidad

mikroskoop

microscopio

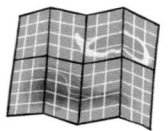

kaart

mapa

vullisdrom

tacho (de basura)

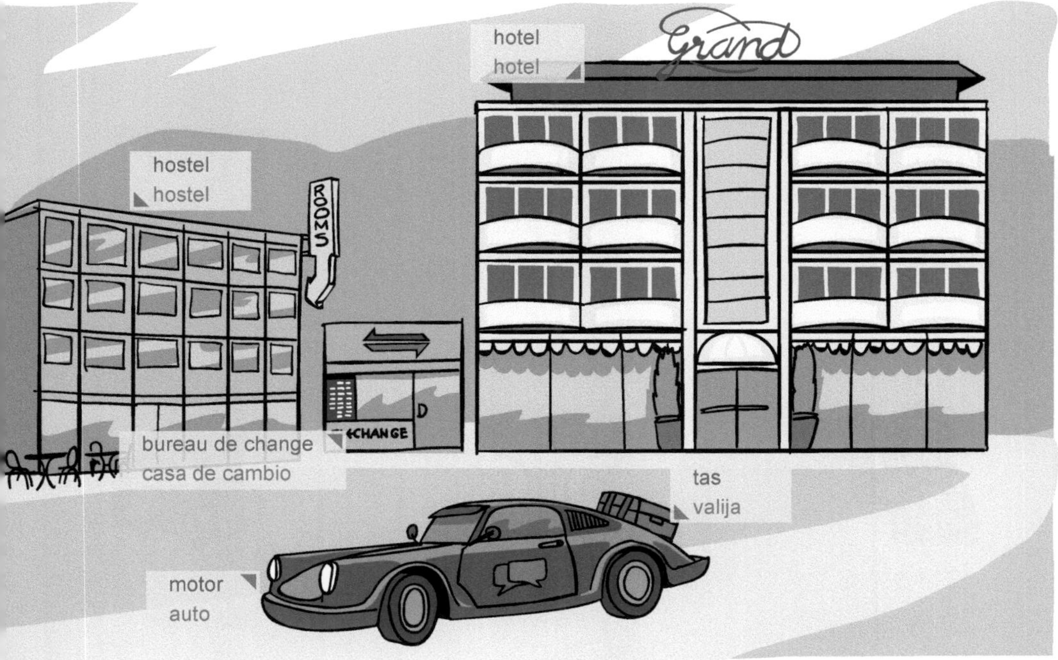
hotel
hotel
Grand
hostel
hostel
ROOMS
bureau de change
casa de cambio
CHANGE
tas
valija
motor
auto

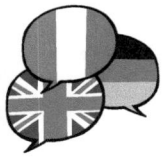

taal
idioma

ja / nee
sí / no

Goed
Está bien

hallo
hola

vertaler
traductor

Dankie
Gracias

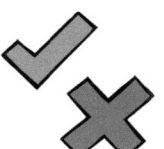

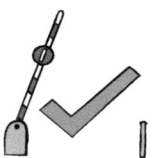

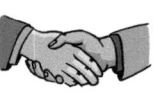

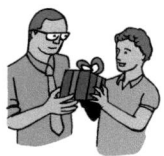

hoeveel is...?

¿cuánto cuesta...?

Ek verstaan nie

No entiendo

probleem

problema

Goeie naand!

¡Buenas tardes!

Goeie môre!

¡Buenos días!

Goeie nag!

¡Buenas noches!

totsiens

adiós

rigting

dirección

bagasie

equipaje

sak

bolso

rugsak

mochila

gas

invitado

kamer

habitación

slaapsak

bolsa de dormir

tent

carpa

toeriste-inligting

información turística

strand

playa

kredietkaart

tarjeta de crédito

ontbyt

desayuno

middagete

almuerzo

aandete

cena

kaartjie

pasaje

hysbak

ascensor

posseël

sello

grens

frontera

doeane

aduana

ambassade

embajada

visum

visa

paspoort

pasaporte

vervoer
transporte

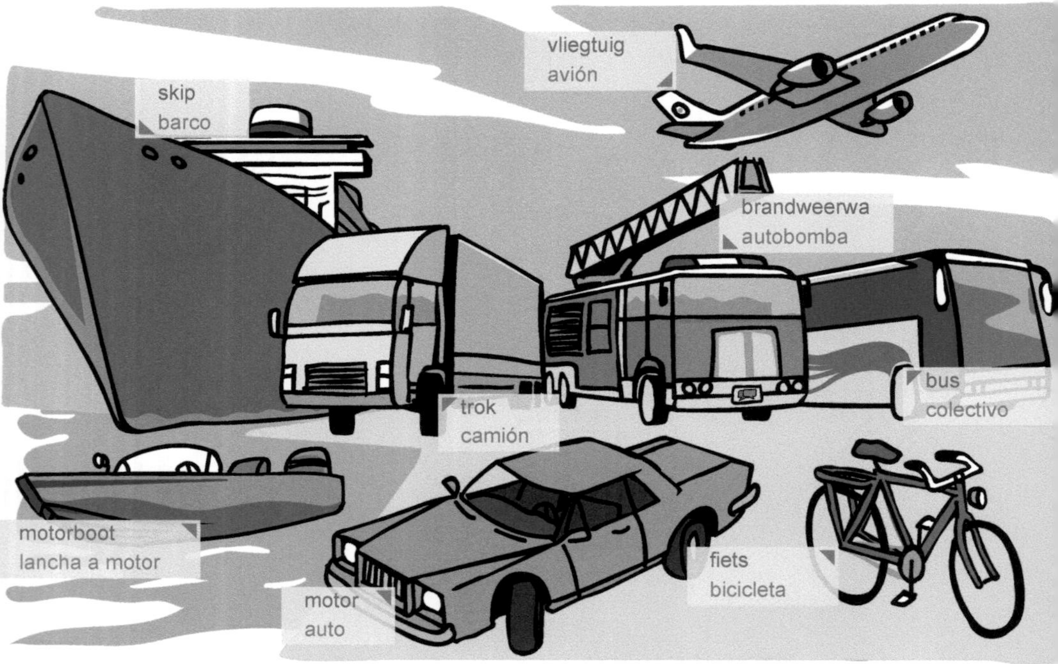

vliegtuig
avión
skip
barco
brandweerwa
autobomba
bus
colectivo
trok
camión
motorboot
lancha a motor
fiets
bicicleta
motor
auto

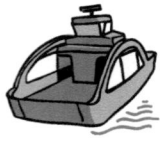

veerboot

ferry

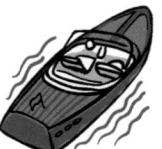

boot

bote

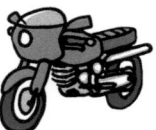

motorfiets

moto

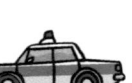

polisiemotor

patrullero

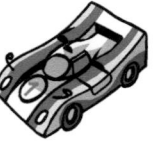

renmotor

auto de carreras

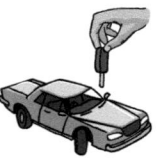

huurmotor

auto de alquiler

car-sharing

alquiler de autos

insleepvoertuig

grúa

vullisverwydering

camión de basura

enjin

motor

brandstof

nafta

vulstasie

estación de servicio

verkeersteken

señal de tránsito

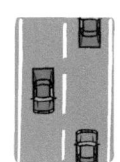

verkeer

tránsito

verkeersknoop

embotellamiento

parkeerplek

estacionamiento

stasie

estación de tren

spore

vías

trein

tren

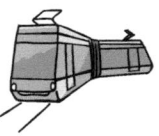

tram

tranvía

wa

vagón

helikopter

helicóptero

lughawe

aeropuerto

toring

torre

passasier

pasajero

houer

contenedor

karton

caja de cartón

karretjie

carretilla

mandjie

canasta

opstyg / land

despegar / aterrizar

stad

ciudad

dorpie

pueblo

middestad

centro de ciudad

huis

casa

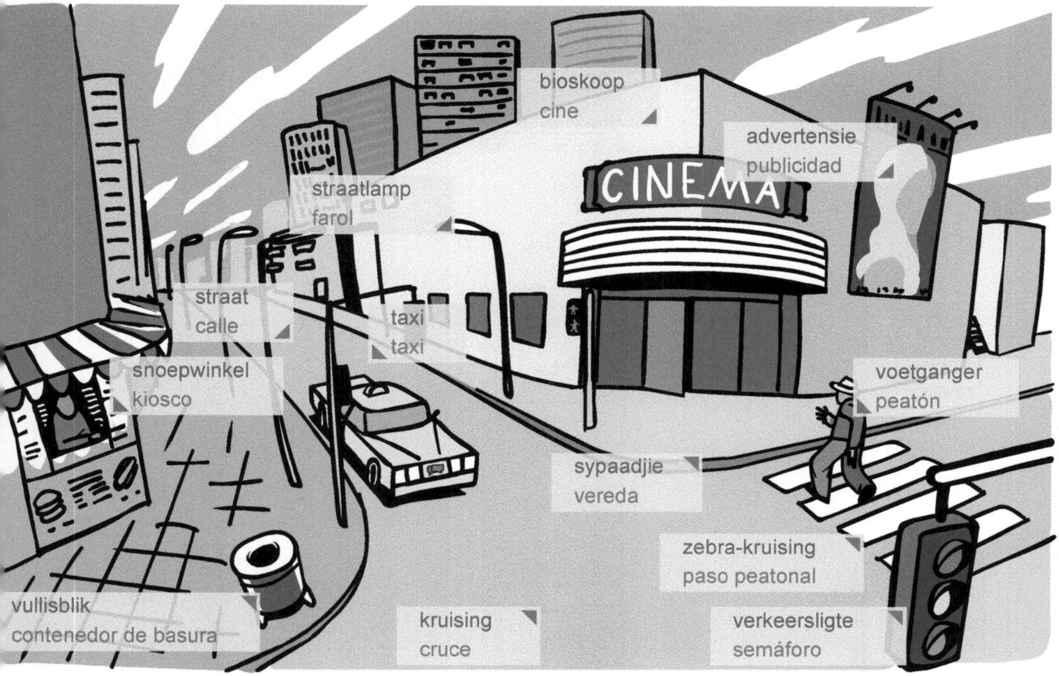
CINEMA
bioskoop
cine
advertensie
publicidad
straatlamp
farol
straat
calle
taxi
taxi
snoepwinkel
kiosco
voetganger
peatón
sypaadjie
vereda
zebra-kruising
paso peatonal
vullisblik
contenedor de basura
kruising
cruce
verkeersligte
semáforo

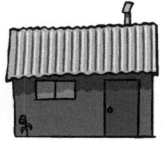

hut

cabaña

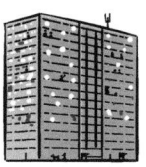

woonstel

departamento

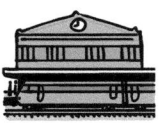

stasie

estación de tren

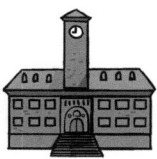

stadsaal

municipalidad

MUSEUM

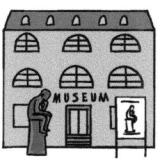

museum

museo

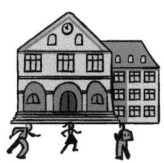

skool

colegio

universiteit

universidad

bank

banco

hospitaal

hospital

hotel

hotel

apteek

farmacia

kantoor

oficina

boekwinkel

librería

winkel

negocio

bloemis

florería

supermark

supermercado

mark

mercado

handelshuis

grandes tiendas

viswinkel

pescadería

inkopiesentrum

centro comercial

hawe

puerto

park

parque

bankie

banco

brug

puente

trappe

escaleras

moltrein

subte

tonnel

túnel

bushalte

parada del colectivo

kroeg

bar

restaurant

restaurante

posbus

buzón

straatnaambord

letrero

parkeermeter

parquímetro

dieretuin

zoológico

swembad

pileta

moskee

mezquita

plaas

granja

besoedeling

contaminación

begraafplaas

cementerio

kerk

iglesia

speelgrond

juegos infantiles

tempel

templo

landskap
paisaje

blaar
hoja

padwyser
poste indicador

pad
camino

weiland
pradera

klip
piedra

boom
árbol

voetslaner
excursionista

rivier
río

gras
hierba

blom
flor

vallei
valle

heuwel
montaña

meer
lago

bos
bosque

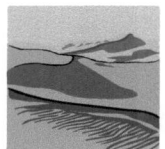

woestyn
desierto

vulkaan
volcán

kasteel
castillo

reënboog
arco iris

sampioen
champiñón

palmboom
palmera

muskiet
mosquito

vlieg
mosca

mier
hormiga

by
abeja

spinnekop
araña

landskap - paisaje

miskruier

escarabajo

padda

rana

eekhoring

ardilla

krimpvarkie

erizo

haas

liebre

uil

lechuza

voël

pájaro

swaan

cisne

wildevark

jabalí

takbok

ciervo

elk

alce

opgaardam

presa

windturbine

aerogenerador

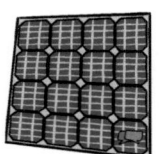

sonpaneel

panel solar

klimaat

clima

kelner
mozo

menu
menú

stoel
silla

sop
sopa

pizza
pizza

tafeldoek
mantel

eetgerei
cubiertos

voorgereg

entrada

hoofgereg

plato principal

nagereg

postre

drankies

bebidas

kos

comida

bottel

botella

kitskos

comida rápida

straatkos

comida callejera

teepot

tetera

suikerverpakking

azucarera

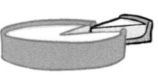

porsie

porción

espresso masjien

cafetera expreso

hoë stoel

sillita alta

rekening

cuenta

skinkbord

bandeja

mes

cuchillo

vurk

tenedor

lepel

cuchara

teelepel

cucharita

servet

servilleta

glas

vaso

gereg

plato

sopbakkie

plato hondo

piering

plato

sous

salsa

soutpot

salero

pepermeul

molinillo de pimienta

asyn

vinagre

olie

aceite

speserye

especias

tamatiesous

kétchup

mosterd

mostaza

mayonaise

mayonesa

supermark
supermercado

spesiale aanbieding
oferta especial
FOR
kliënt
cliente
suiwelprodukte
lácteos
vrugte
fruta
trollie
changuito

BUTCHERS

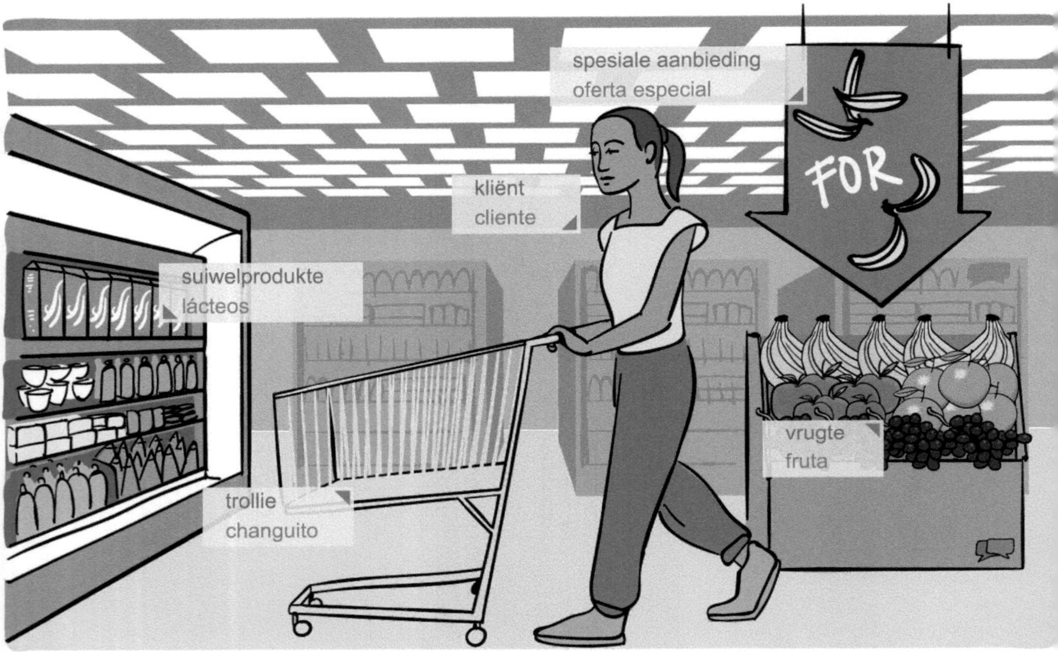

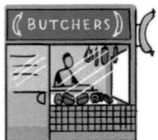

slaghuis

carnicería

BAKERY

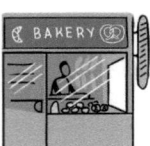

bakkery

panadería

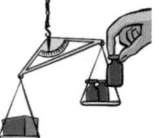

weeg

pesar

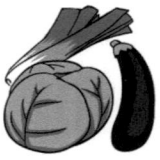

groente

verduras

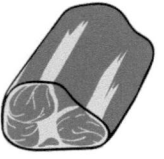

vleis

carne

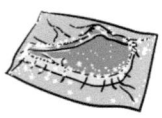

bevrore voedsel

alimentos congelados

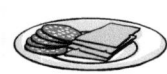

kouevleis

fiambres

blikkieskos

alimentos enlatados

waspoeier

detergente en polvo

lekkers

golosinas

huishoudelike produkte

electrodomésticos

skoonmaakprodukte

productos de limpieza

verkoopsvrou

vendedora

kasregister

caja

kassier

cajero

inkopielys

lista de compras

besigheidsure

horario de atención

beursie

billetera

kredietkaart

tarjeta de crédito

sak

cartera

plastieksak

bolsa de plástico

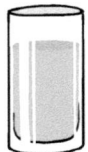

water

agua

sap

jugo

melk

leche

coke

bebida cola

wyn

vino

bier

cerveza

alkohol

alcohol

kakao

cacao

tee

té

koffie

café

espresso

café expreso

cappuccino

cappuccino

piesang

banana

appel

manzana

lemoen

naranja

waatlemoen

melón

suurlemoen

limón

wortel

zanahoria

knoffel

ajo

bamboes

bambú

ui

cebolla

sampioen

champiñón

neute

nueces

noedels

fideos

spaghetti

tallarines

rys

arroz

slaai

ensalada

aartappelskyfies

papas fritas

gebraaide aartappels

papas fritas

pizza

pizza

hamburger

hamburguesa

toebroodjie

sándwich

kotelet

churrasco

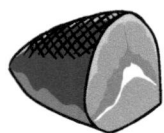

ham

jamón

salami

salame

wors

salchicha

hoender

pollo

braaivleis

asado

vis

pescado

hawermoutflokkies

copos de avena

muesli

muesli

graanvlokkies

copos de maíz

meel

harina

croissant

medialuna

broodrolletjie

pancito

brood

pan

roosterbrood

tostada

koekies

galletitas

botter

manteca

dikmelk

cuajada

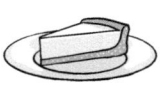

koek

torta

eier

huevo

gebraaide eier

huevo frito

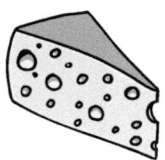

kaas

queso

roomys
helado

suiker
azúcar

heuning
miel

konfyt
mermelada

nougat-smeer
pasta de chocolate

kerrie
curry

plaas
granja

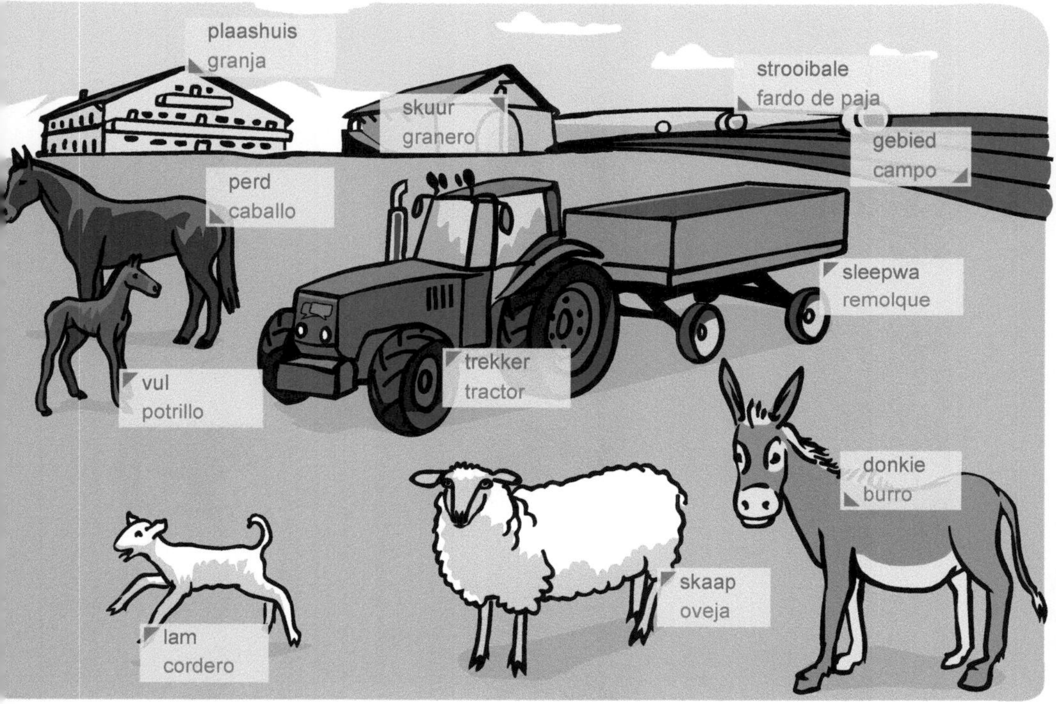
plaashuis
granja
skuur
granero
strooibale
fardo de paja
gebied
campo
perd
caballo
sleepwa
remolque
trekker
tractor
vul
potrillo
donkie
burro
skaap
oveja
lam
cordero

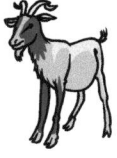

bok

cabra

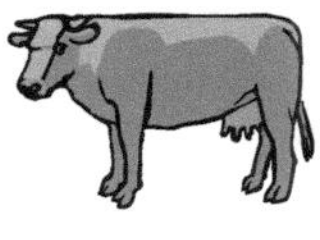

koei

vaca

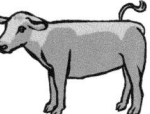

kalf

ternero

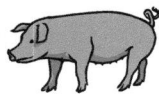

vark

cerdo

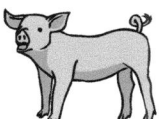

varkie

lechón

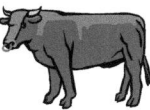

bul

toro

gans
ganso

eend
pato

kuiken
pollo

hen
gallina

haan
gallo

rot
rata

kat
gato

muis
ratón

os
buey

hond
perro

hondehok
cucha

tuinslang
manguera

gieter
regadera

sens
guadaña

ploeg
arado

sekel

hoz

skoffel

azada

gaffel

horquilla

byl

hacha

kruiwa

carretilla

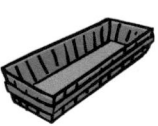

trog

abrevadero

melkkan

lechera

sak

bolsa

heining

reja

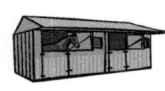

stal

establo

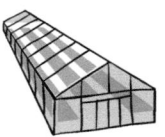

kweekhuis

invernadero

grond

suelo

saad

semilla

kunsmis

fertilizador

stroper

cosechadora

oes

cosechar

oes

cosecha

yam

batatas

koring

trigo

soja

soja

aartappel

papa

koring

maíz

raapsaad

semilla de colza

vrugteboom

árbol frutal

broodwortel

mandioca

graan

cereales

huis

casa

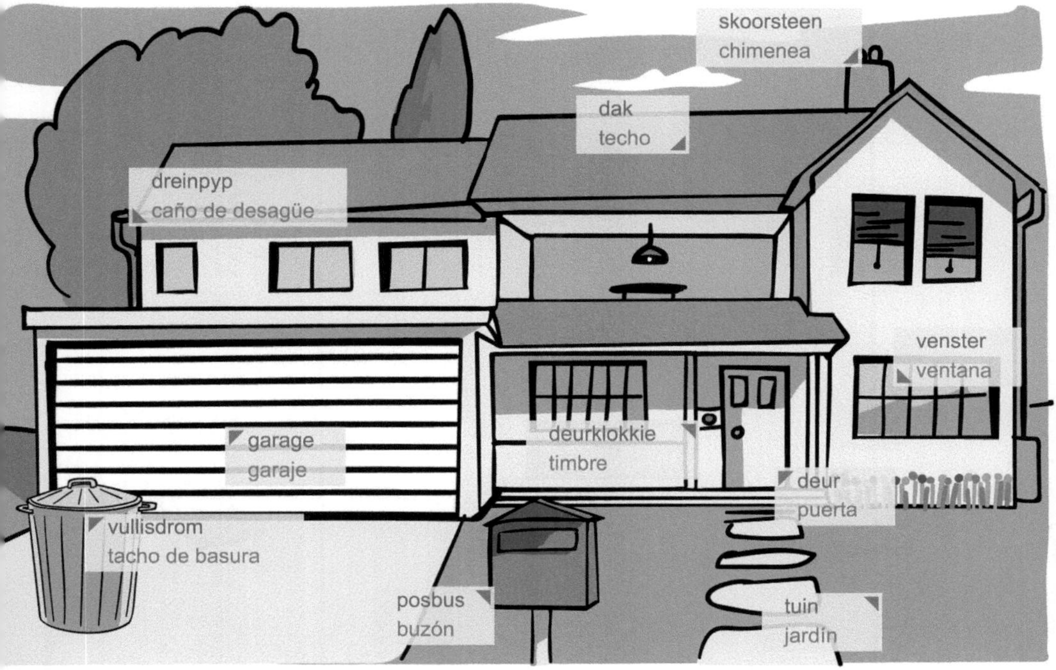
skoorsteen
chimenea
dak
techo
dreinpyp
caño de desagüe
venster
ventana
garage
garaje
deurklokkie
timbre
deur
puerta
vullisdrom
tacho de basura
posbus
buzón
tuin
jardín

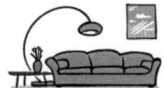

woonkamer

living

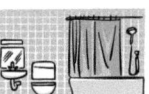

badkamer

baño

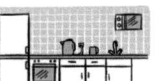

kombuis

cocina

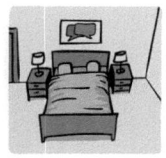

slaapkamer

dormitorio

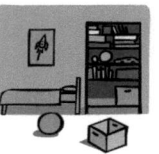

kinderkamer

cuarto de los chicos

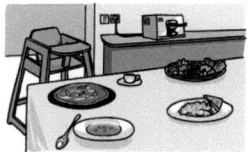

eetkamer

comedor

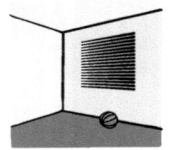

vloer

piso

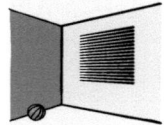

muur

pared

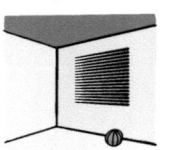

plafon

cielorraso

kelder

sótano

sauna

sauna

balkon

balcón

terras

terraza

swembad

pileta

grassnyer

cortadora de pasto

beddegoedoortreksel

sábana

deken

acolchado

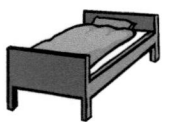

bed

cama

besem

escoba

emmer

balde

skakelaar

interruptor

woonkamer
living

muurpapier
empapelado
prentjie
imagen
lamp
lámpara
rak
estante
kas
armario
televisie
televisión
kaggel
chimenea
blom
flor
kussing
almohadón
rusbank
sofá
vaas
florero
afstandbeheer
control remoto

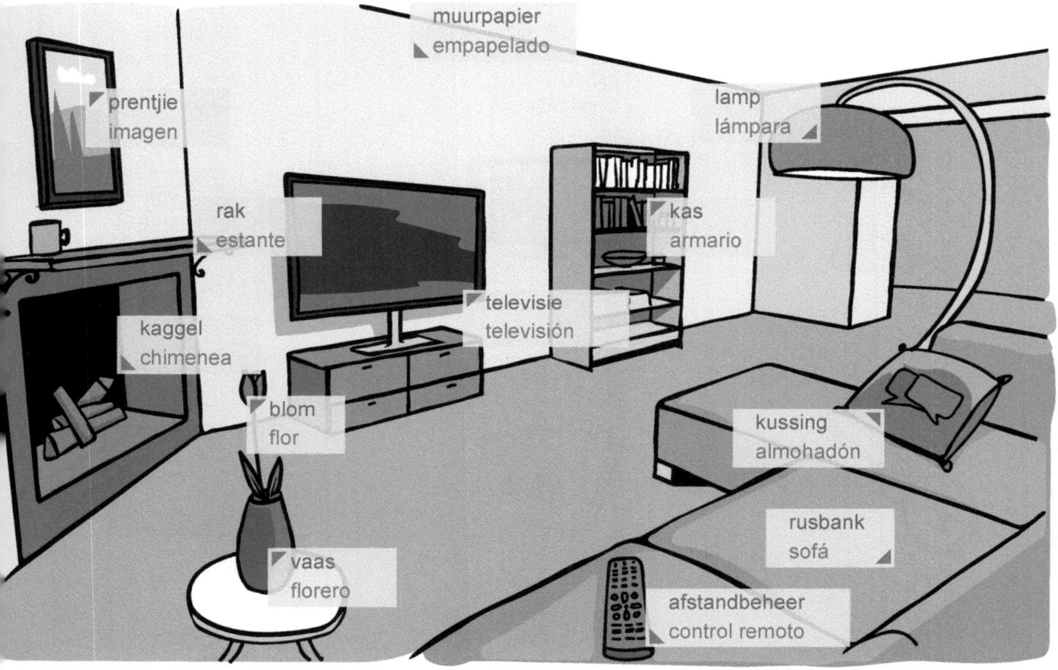

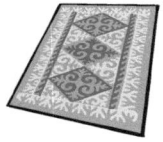

mat
alfombra

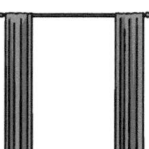

gordyn
cortina

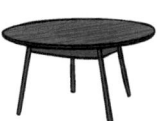

tafel
mesa

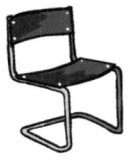

stoel
silla

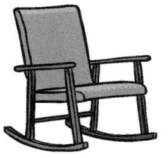

wiegstoel
mecedora

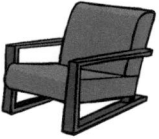

leunstoel
sillón

boek

libro

kombers

frazada

versiering

decoración

vuurmaakhout

leña

film

película

hoëtroustel

equipo de música

sleutel

llave

koerant

diario

skildery

pintura

plakkaat

póster

radio

radio

notaboekie

cuaderno

stofsuier

aspiradora

kaktus

cactus

kers

vela

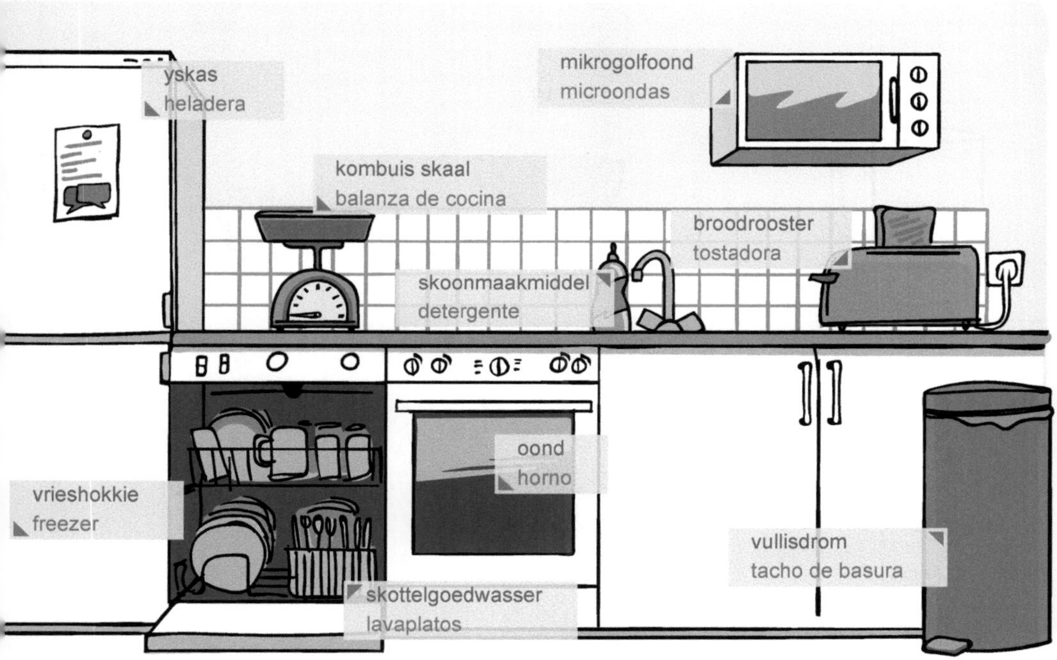

yskas
heladera

mikrogolfoond
microondas

kombuis skaal
balanza de cocina

broodrooster
tostadora

skoonmaakmiddel
detergente

oond
horno

vrieshokkie
freezer

vullisdrom
tacho de basura

skottelgoedwasser
lavaplatos

drukkoker
....
cocina

pot
....
olla

ysterpot
....
olla de hierro fundido

wok / kadai
....
wok

pan
....
sartén

ketel
....
pava

stoomkoker

vaporera

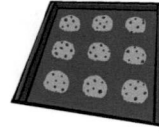

bakplaat

bandeja de horno

breekware

vajilla

beker

taza

bak

bol

eetstokkie

palitos

skeplepel

cucharón

spatel

estpátula

klitser

batidora

sif

colador

sif

colador

rasper

rallador

vysel

mortero

braai

parrilla

oop vuur

fogata

broodplank

tabla de picar

koekroller

palo de amasar

kurktrekker

sacacorchos

kan

lata

blikoopmaker

abrelatas

vatlap

manopla

opwasbak

pileta

borsel

cepillo

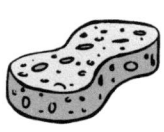

spons

esponja

menger

batidora

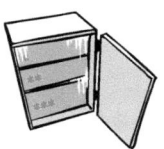

vrieskas

congelador

bababottel

mamadera

kraan

canilla

badkamer

baño

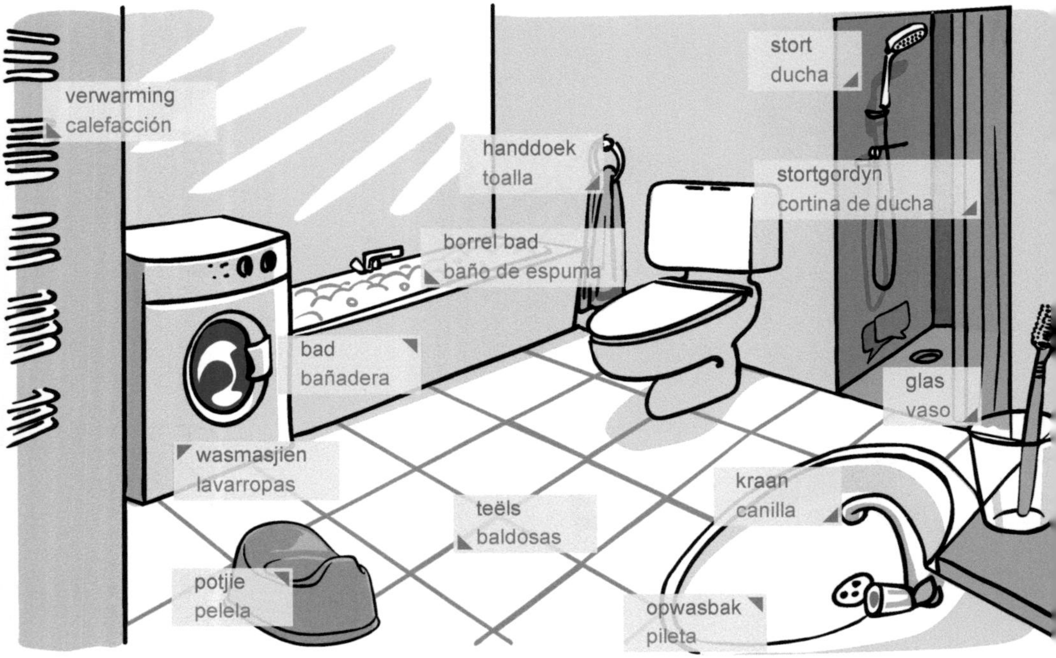

verwarming
calefacción
handdoek
toalla
stort
ducha
stortgordyn
cortina de ducha
borrel bad
baño de espuma
bad
bañadera
glas
vaso
wasmasjien
lavarropas
kraan
canilla
teëls
baldosas
potjie
pelela
opwasbak
pileta

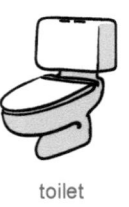

toilet

inodoro

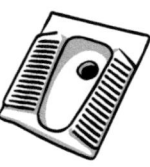

hurktoilet

letrina

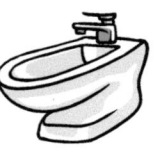

bidet

bidé

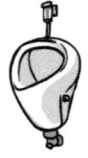

urinaal

mingitorio

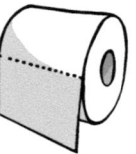

toiletpapier

papel higiénico

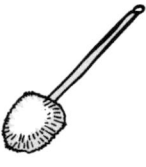

toiletborsel

cepillo para el inodoro

tandeborsel

cepillo de dientes

tandepasta

dentífrico

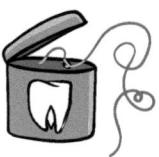

tande vlos

hilo dental

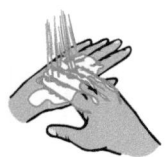

was

lavar

handstort

ducha de mano

stort

ducha higiénica

wasbak

palangana

rugkantborsel

cepillo para espalda

seep

jabón

stortgel

gel de ducha

sjampoe

shampoo

flanel

toallita

drein

desagüe

room

crema

reukweerder

desodorante

spieël

espejo

spieëltjie

espejito

skeermes

maquinita de afeitar

skeerroom

espuma de afeitar

naskeermiddel

aftershave

kam

peine

borsel

cepillo

haardroër

secador de pelo

haarsproei

spray

grimmering

maquillaje

lipstifie

lápiz de labios

naellak

esmalte para uñas

watte

algodón

naelknipper

tijera para uñas

parfuum

perfume

toiletsakkie

portacosméticos

stoel

banqueta

skaal

balanza

badjas

bata

rubberhandskoene

guantes de goma

tampon

tampón

sanitêre handdoek

toallita femenina

chemiese toilet

baño químico

kinderkamer
cuarto de los chicos

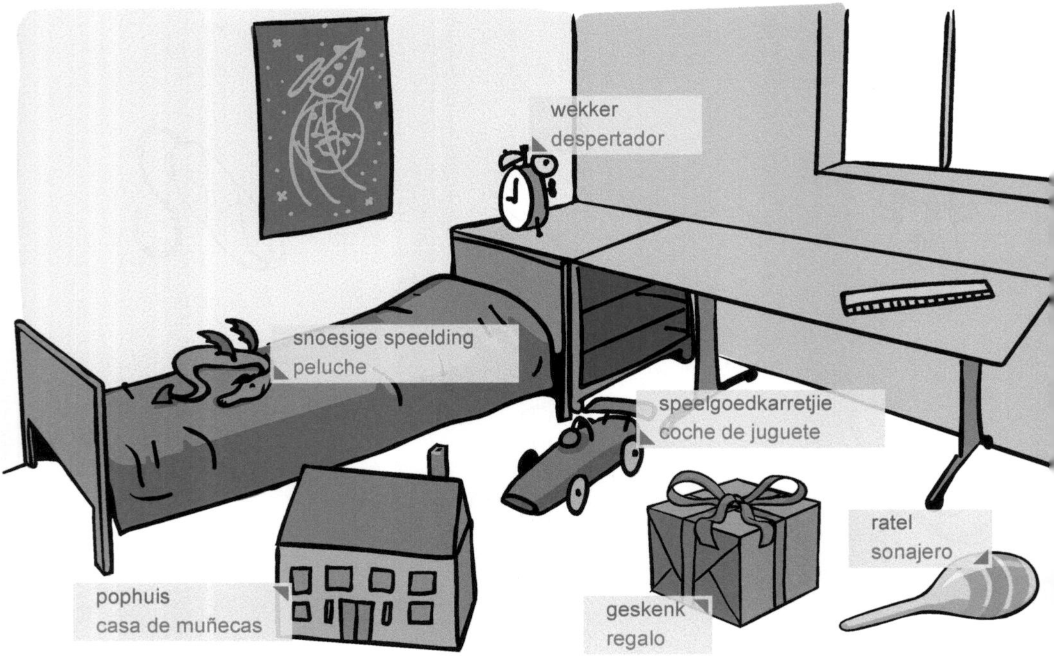

wekker
despertador
snoesige speelding
peluche
speelgoedkarretjie
coche de juguete
ratel
sonajero
pophuis
casa de muñecas
geskenk
regalo

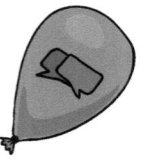

ballon

globo

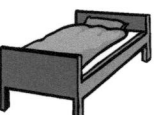

bed

cama

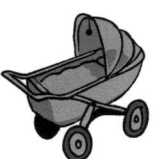

stootwaentjie

cochecito

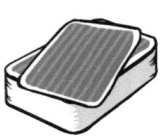

kaartespel

cartas

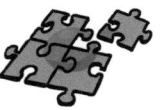

legkaart

rompecabezas

SUPER MEGA

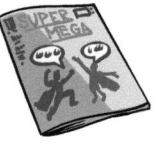

tekenprent

historieta

lego-blokkies

piezas de lego

speelgoedblokke

ladrillos de juguete

animasieheld

figura de acción

groeipakkie

enterito (de bebé)

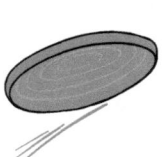

frisbee

frisbee

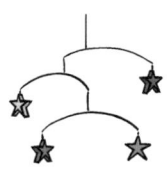

mobile

móvil para bebés

bordspeletjie

juego de mesa

dobbelsteen

dados

model trein stel

tren eléctrico

fopspeen

chupete

partytjie

fiesta

prenteboek

libro de cuentos ilustrado

bal

pelota

pop

muñeca

speel

jugar

sandput

arenero

swaai

hamaca

speelgoed

juguetes

videospeletjie-konsole

consola de videojuegos

driewiel

triciclo

teddiebeer

osito de peluche

klerekas

armario

klere

ropa

sokkies

medias

kouse

medias panty

broekiekouse

calzas

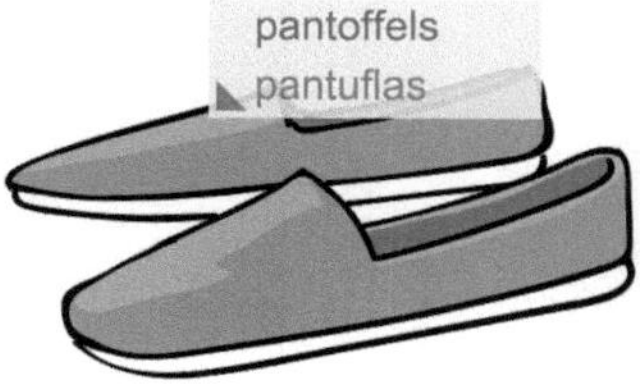

serp
bufanda

belt
cinturón

sambreel
paraguas

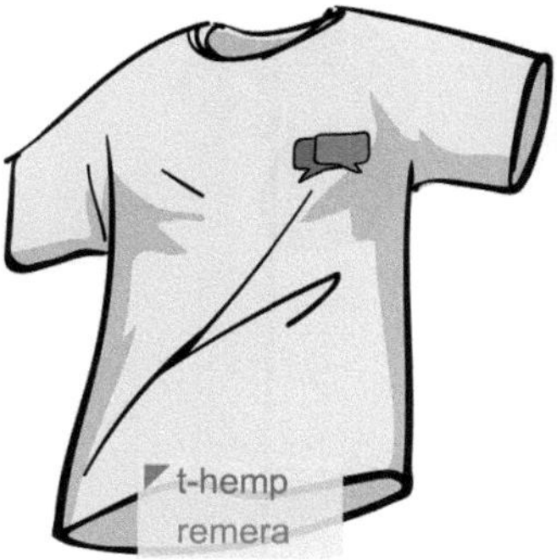

t-hemp
remera

skoene
botas

tekkies
zapatillas

pantoffels
pantuflas

sandale
sandalias

skoene
zapatos

rubber stewels
botas de goma

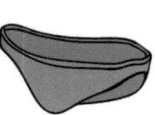

onderbroek
ropa interior

bra
corpiño

onderbaadjie
chaleco

liggaam
body

broek
pantalones

jeans
jeans

romp
pollera

bloes
blusa

hemp
camisa

oortrektrui
pulóver

oortrektrui
buzo

baadjie
blazer

baadjie
campera

jas
tapado

reënjas
piloto

kostuum
traje

rok
vestido

trourok
vestido de novia

pak

traje

nagrok

camisón

pajamas

pijama

sari

sari

kopdoek

pañuelo para cabeza

tulband

turbante

burqa

burka

kaftan

caftán

abaya

abaya

swembroek

traje de baño

swembroek

short de baño

kortbroek

shorts

sweetpak

jogging

voorskoot

delantal

handskoene

guantes

knoppie

botón

bril

anteojos

armband

pulsera

halssnoer

collar

ring

anillo

oorbel

aro

pet

gorra

klerehanger

percha

hoed

sombrero

das

corbata

rits

cierre

helmet

casco

draadjies

tiradores

skooluniform

uniforme escolar

uniform

uniforme

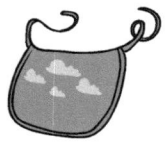

bib

babero

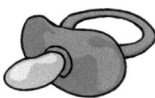

fopspeen

chupete

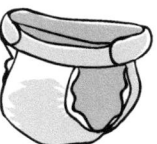

doek

pañal

kantoor
oficina

bediener
servidor
liasseerkabinet
archivero
drukker
impresora
papier
papel
skerm
monitor
muis
mouse
lessenaar
escritorio
leêr
carpeta
sleutelbord
teclado
vullisdrom
tacho (de basura)
rekenaar
computadora
stoel
silla

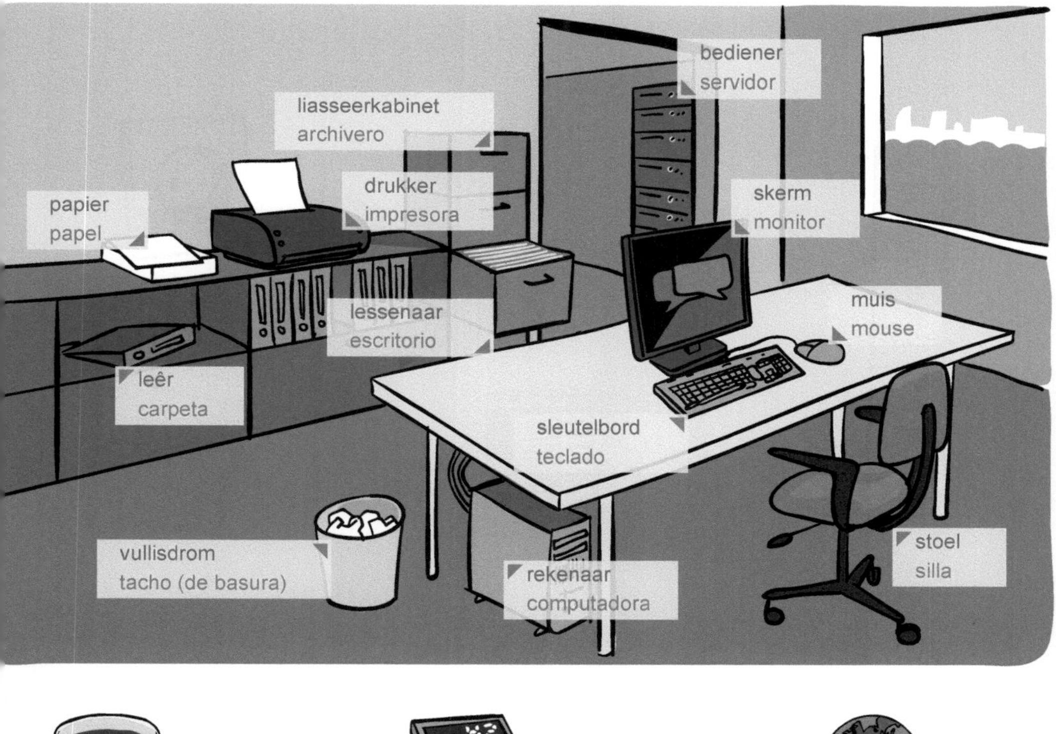

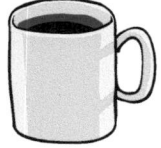

koffiebeker

taza de café

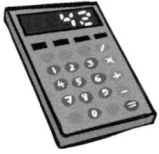

sakrekenaar

calculadora

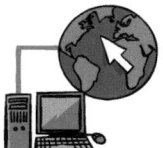

internet

internet

skootrekenaar

laptop

brief

carta

boodskap

mensaje

selfoon

celular

netwerk

red

fotostaatmasjien

fotocopiadora

sagteware

software

telefoon

teléfono

muurprop

tomacorriente

faksmasjien

fax

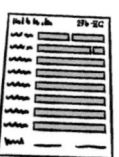

vorm

formulario

dokument

documento

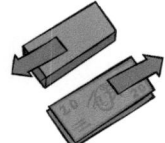

koop

comprar

betaal

pagar

besigheid doen

hacer negocios

geld

dinero

dollar

dólar

euro

euro

yen

yen

roebel

rublo

 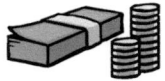

switserse frank

franco suizo

renminbi yuan

yuan

rupee

rupia

kontantteller (ATM)

cajero automático

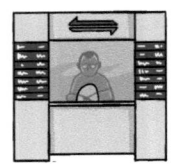

bureau de change

casa de cambio

goud

oro

silwer

plata

olie

petróleo

energie

energía

prys

precio

kontrak

contrato

belasting

impuesto

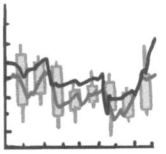

aandele

acción

werk

trabajar

werknemer

empleado

werkgewer

empleador

fabriek

fábrica

winkel

negocio

beroepe
ocupaciones

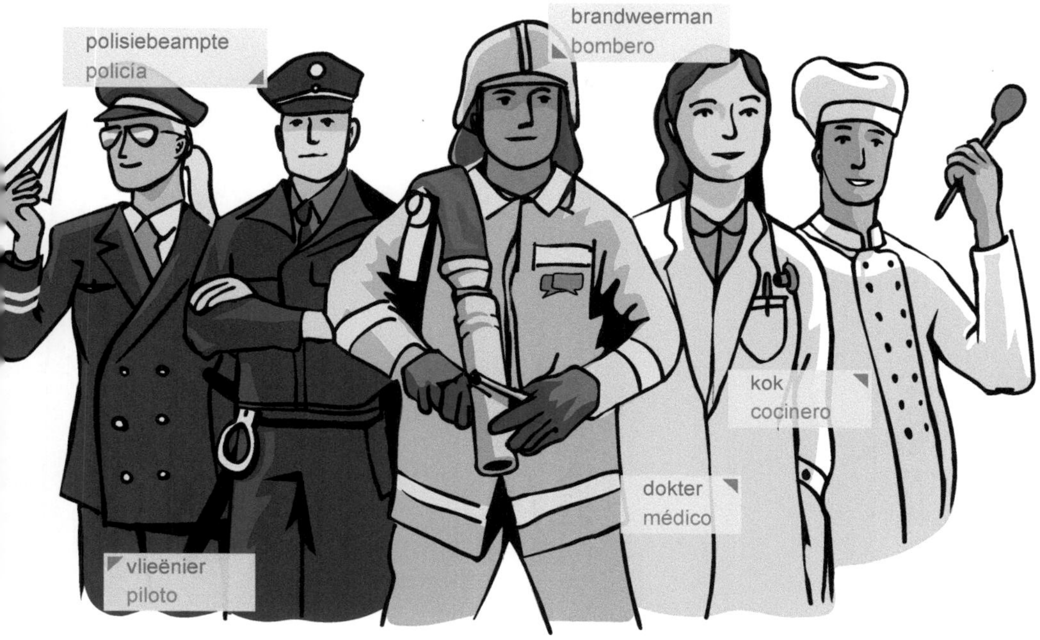

polisiebeampte
policía
brandweerman
bombero
kok
cocinero
dokter
médico
vlieënier
piloto

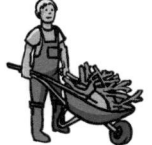

tuinier

jardinero

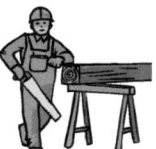

timmerman

carpintero

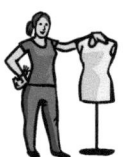

naaldwerkster

modista

regter

juez

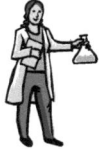

chemikus

farmacéutico

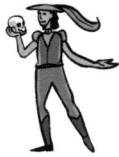

akteur

actor

busbestuurder

colectivero

taxibestuurder

taxista

visserman

pescador

skoonmaakvrou

mucama

dakwerker

techista

kelner

mozo

jagter

cazador

skilder

pintor

bakker

panadero

elektrisiën

electricista

bouer

albañil

ingenieur

ingeniero

slagter

carnicero

loodgieter

plomero

posman

cartero

soldaat

soldado

argitek

arquitecto

kassier

cajero

bloemiste

florista

haarkapper

peluquero

kondukteur

cobrador

werktuigkundige

mecánico

kaptein

capitán

tandarts

dentista

wetenskaplike

científico

rabbi

rabino

imam

imán

monnik

monje

predikant

sacerdote

gereedskap
herramientas

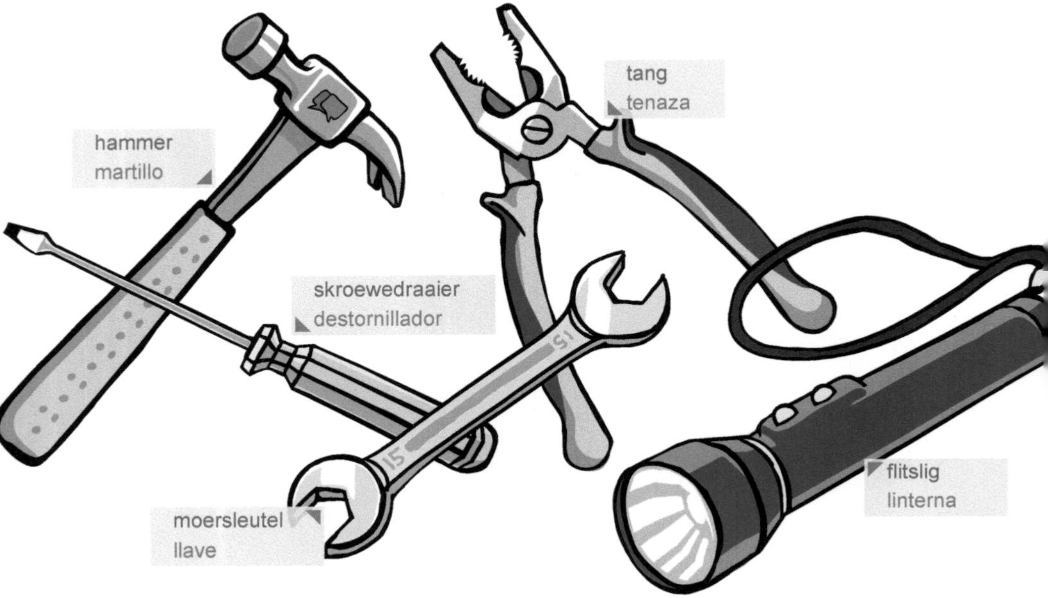

hammer
martillo
tang
tenaza
skroewedraaier
destornillador
moersleutel
llave
flitslig
linterna

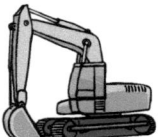

graaftoestel

excavadora

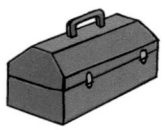

gereedskapskis

caja de herramientas

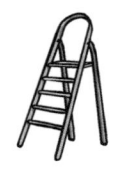

leer

escalera portátil

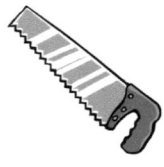

saag

sierra

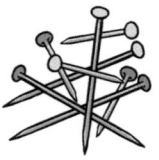

naels

clavos

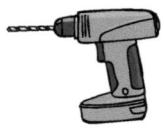

boor

taladro

regmaak

arreglar

graaf

pala de jardín

verdomp!

¡Qué bronca!

skoppie

pala de plástico

verfpot

tacho de pintura

skroewe

tornillos

musiekinstrumente
instrumentos musicales

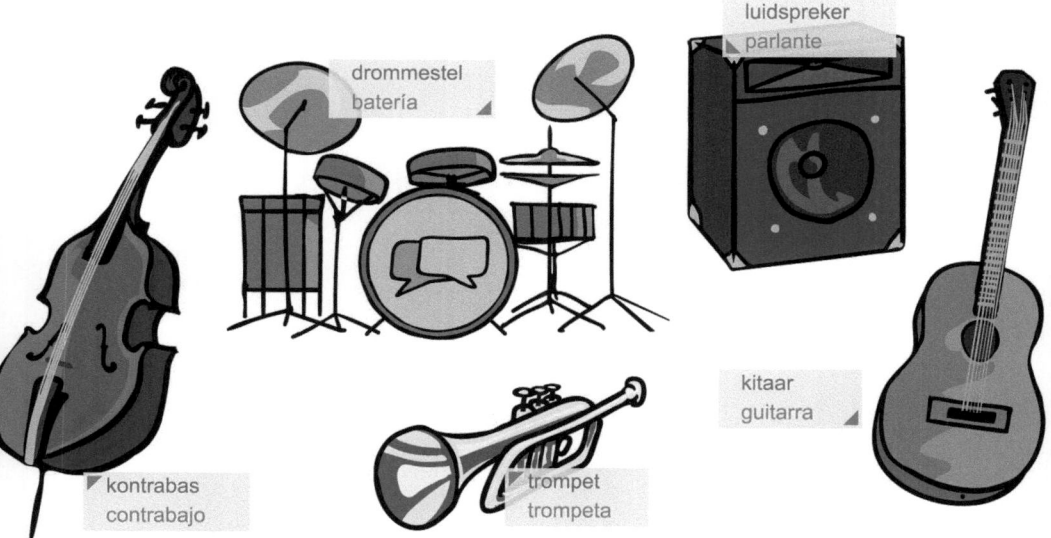

luidspreker
parlante

drommestel
batería

kitaar
guitarra

kontrabas
contrabajo

trompet
trompeta

klavier

piano

viool

violín

bas

bajo

keteltrom

timbales

dromme

tambor

sleutelbord

teclado

saksofoon

saxofón

fluit

flauta

mikrofoon

micrófono

tier
tigre

ingang
entrada

hok
jaula

zebra
cebra

veevoer
alimento para animales

panda
oso panda

diere
animales

olifant
elefante

kangaroo
canguro

renoster
rinoceronte

gorilla
gorila

beer
oso

kameel

camello

volstruis

avestruz

leeu

león

aap

mono

flamink

flamenco

papegaai

loro

ysbeer

oso polar

pikkewyn

pingüino

haai

tiburón

pou

pavo real

slang

serpiente

krokodil

cocodrilo

dieretuinopsigter

cuidador del zoológico

rob

foca

jaguar

jaguar

ponie

poni

luiperd

leopardo

seekoei

hipopótamo

kameelperd

jirafa

arend

águila

wildevark

jabalí

vis

pescado

skilpad

tortuga

walrus

morsa

jakkals

zorro

gemsbok

gacela

Amerikaanse Voetbal
fútbol americano

fietsry
ciclismo

tennis
tenis

basketbal
básquet

swem
natación

boks
boxeo

ys-hokkie
hockey sobre hielo

sokker
fútbol

pluimbal
bádminton

atletiek
atletismo

handbal
handball

ski
esquí

polo
polo

spring
saltar

lag
reír

drukkie
abrazar

loop
caminar

sing
cantar

droom
soñar

bid
rezar

soen
besar

skryf

escribir

teken

dibujar

show

mostrar

druk

presionar

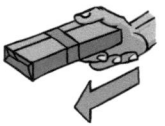

gee

dar

neem

tomar

het
tener

doen
hacer

wees
ser

staan
estar parado

hardloop
correr

trek
tirar

gooi
tirar

val
caer

jok
estar acostado

wag
esperar

dra
llevar

sit
estar sentado

aantrek
vestirse

slaap
dormir

wakker word
despertar

kyk na

mirar

huil

llorar

streel

acariciar

kam

peinar

praat

hablar

verstaan

entender

vra

preguntar

luister

escuchar

drink

beber

eet

comer

opruim

ordenar

liefhê

amar

kook

cocinar

ry

manejar

vlieg

volar

seil

navegar

bereken

calcular

lees

leer

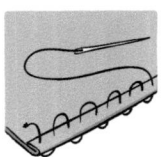

leer

aprender

werk

trabajar

trou

casarse

naai

coser

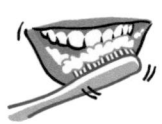

tande borsel

cepillarse los dientes

doodmaak

matar

rook

fumar

stuur

enviar

ouma
abuela

oupa
abuelo

pa
padre

ma
madre

baba
bebé

dogter
hija

seun
hijo

gas
invitado

tannie
tía

oom
tío

broer
hermano

suster
hermana

liggaam

cuerpo

voorkop
frente
oog
ojo
skouer
hombro
vinger
dedo
gesig
cara
ken
pera
hand
mano
been
pierna
bors
pecho
arm
brazo

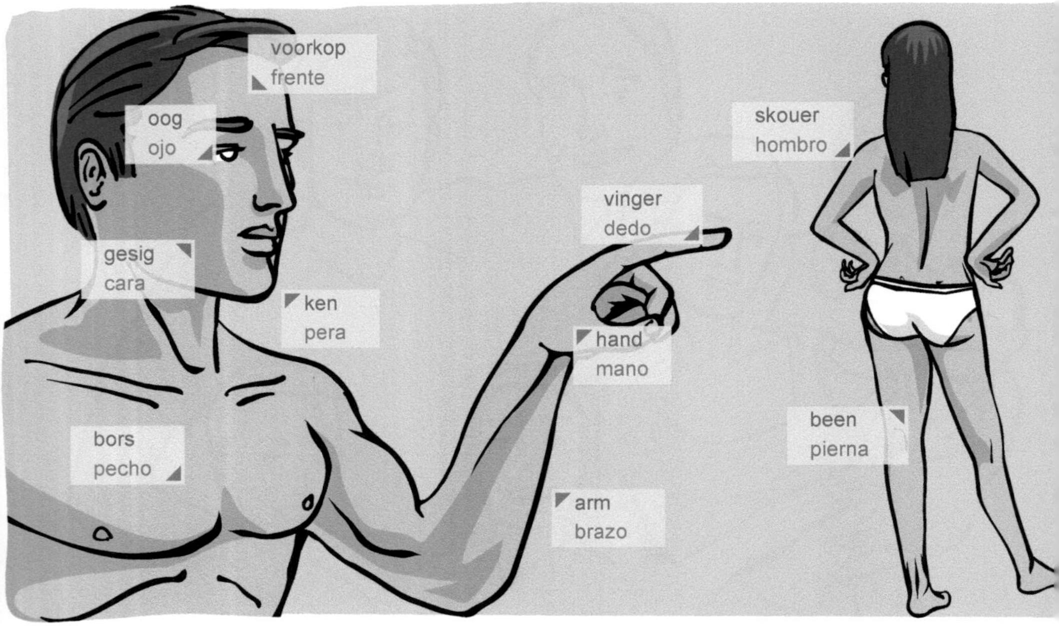

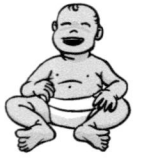

baba

bebé

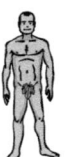

man

hombre

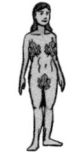

vrou

mujer

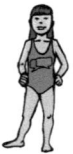

meisie

nena

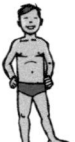

seun

nene

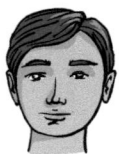

kop

cabeza

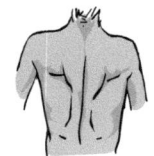

rug

espalda

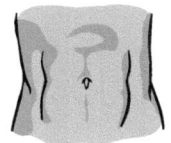

buik

panza

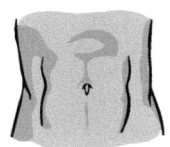

naelstring

ombligo

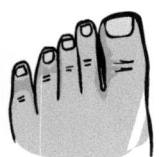

toon

dedo del pie

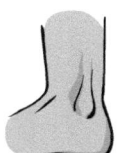

hak

talón

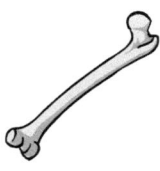

been

hueso

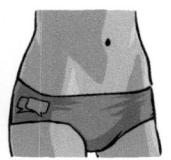

heup

cadera

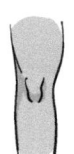

knie

rodilla

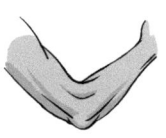

elmboog

codo

neus

nariz

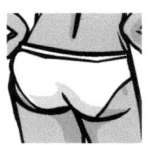

boude

cola

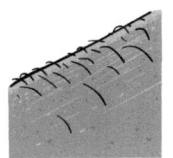

vel

piel

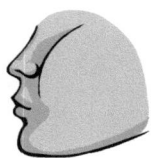

wang

cachete

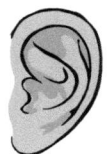

oor

oreja

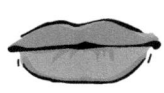

lippe

labio

mond
boca

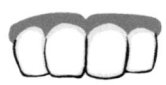

tand
diente

tong
lengua

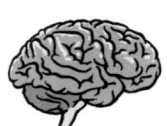

brein
cerebro

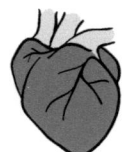

hart
corazón

spiere
músculo

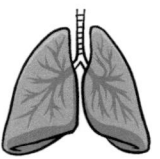

long
pulmón

lewer
hígado

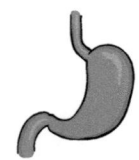

maag
estómago

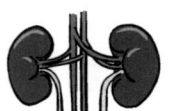

niere
riñones

seks
sexo

kondoom
preservativo

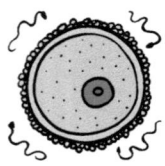

eierstok
óvulo

semen
semen

swangerskap
embarazo

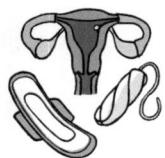

menstruasie

menstruación

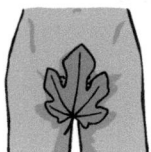

vagina

vagina

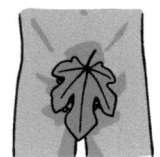

penis

pene

wenkbrou

ceja

hare

pelo

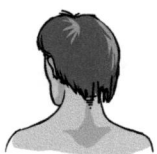

nek

cuello

hospitaal

hospital

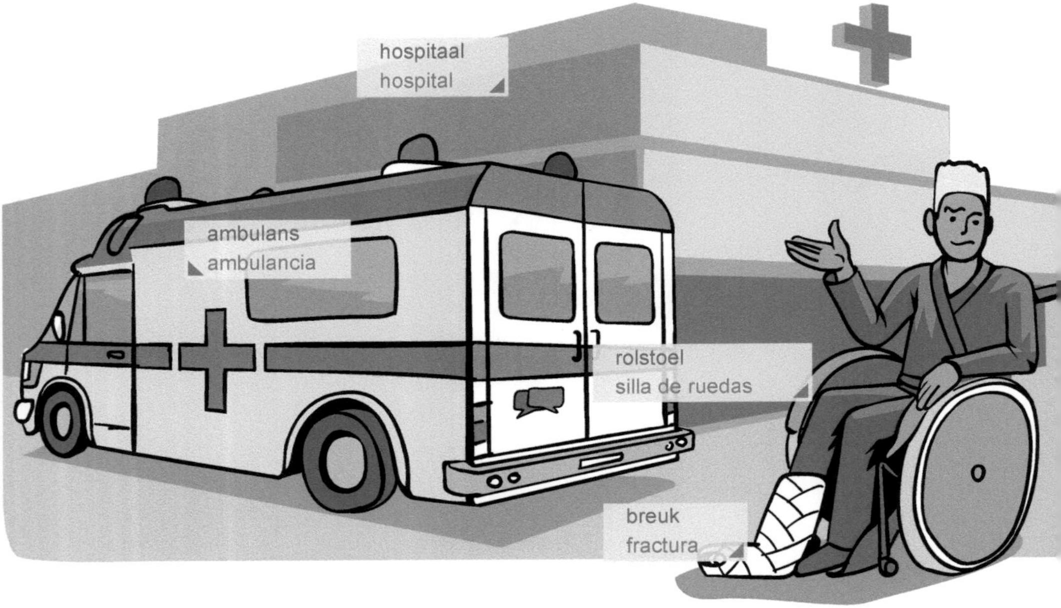

hospitaal
hospital
ambulans
ambulancia
rolstoel
silla de ruedas
breuk
fractura

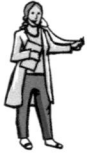

dokter

médico

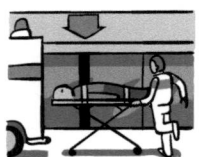

ongevalle

sala de guardia

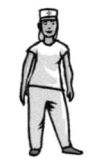

verpleegster

enfermera

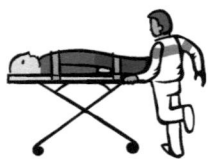

noodgeval

emergencia

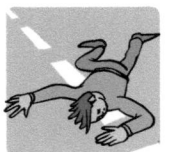

bewusteloos

inconsciente

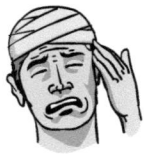

pyn

dolor

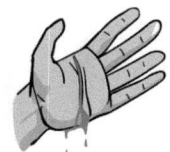

besering

lesión

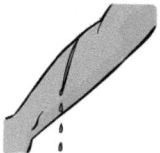

bloeding

hemorragia

hartaanval

infarto

beroerte

ACV

allergie

alergia

hoes

tos

koors

fiebre

griep

gripe

diarree

diarrea

hoofpyn

dolor de cabeza

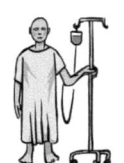

kanker

cáncer

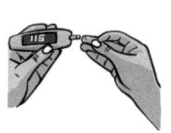

diabetes

diabetes

chirurg

cirujano

skalpel

bisturí

operasie

operación

CT
....
TC

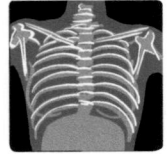

X-straal
....
rayos x

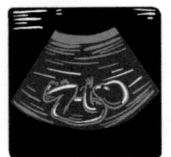

ultraklank
....
ecografía

gesigmasker
....
barbijo

siekte
....
enfermedad

wagkamer
....
sala de espera

kruk
....
muleta

gips
....
curita

verband
....
venda

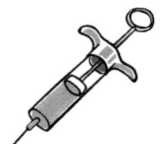

inspuiting
....
inyección

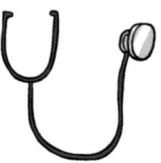

stetoskoop
....
estetoscopio

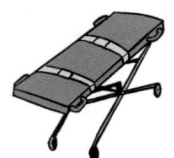

draagbaar
....
camilla

kliniese termometer
....
termómetro

geboorte
....
nacimiento

oorgewig
....
sobrepeso

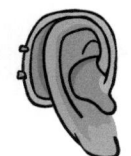

gehoorapparaat

audífono

ontsmettingsmiddel

desinfectante

infeksie

infección

virus

virus

MIV / vigs

VIH / SIDA

medisyne

remedio

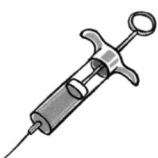

inenting

vacunación

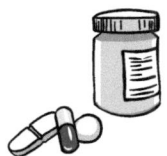

tablette

comprimidos

pil

pastilla anticonceptiva

noodoproep

llamada de emergencia

blooddrukmonitor

tensiómetro

siek / gesond

enfermo / sano

Help!

¡Ayuda!

alarm

alarma

aanranding

agresión

aanval

ataque

gevaar

peligro

nooduitgang

salida de emergencia

Brand!

¡Fuego!

brandblusser

matafuego

ongeluk

accidente

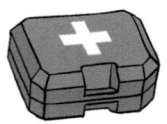

noodhulpkissie

botiquín de primeros auxilios

SOS

SOS

polisie

policía

Europa

Europa

Noord-Amerika

América del Norte

Suid-Amerika

América del Sur

Afrika

África

Asië

Asia

Australië

Australia

Atlantiese Oseaan

Atlántico

Stille Oseaan

Pacífico

Indiese Oseaan

Océano Índico

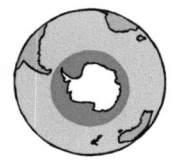

Antarktiese Oseaan

Océano Antártico

Arktiese Oseaan

Océano Ártico

Noordpool

polo norte

Suidpool

polo sur

Antarktika

Antártida

aarde

Tierra

land

tierra

see

mar

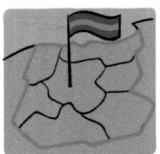

eiland

isla

nasie

nación

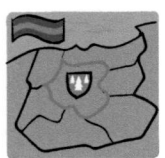

staat

estado

horlosie

esfera

uur-aanwyser

manecilla de las horas

minuut-aanwyser

minutero

sekonde-aanwyser

segundero

Hoe laat is dit?

¿Qué hora es?

dag

día

tyd

hora

nou

ahora

digitale horlosie

reloj digital

minuut

minuto

uur

hora

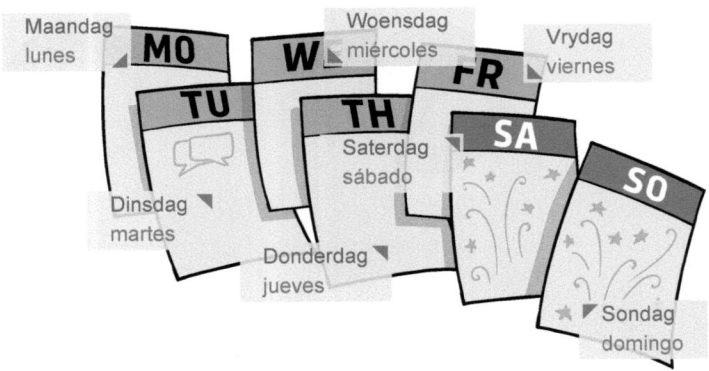

Maandag / lunes
Dinsdag / martes
Woensdag / miércoles
Donderdag / jueves
Vrydag / viernes
Saterdag / sábado
Sondag / domingo

gister

ayer

vandag

hoy

môre

mañana

oggend

mañana

middag

mediodía

aand

tarde

werksdae

días hábiles

naweek

fin de semana

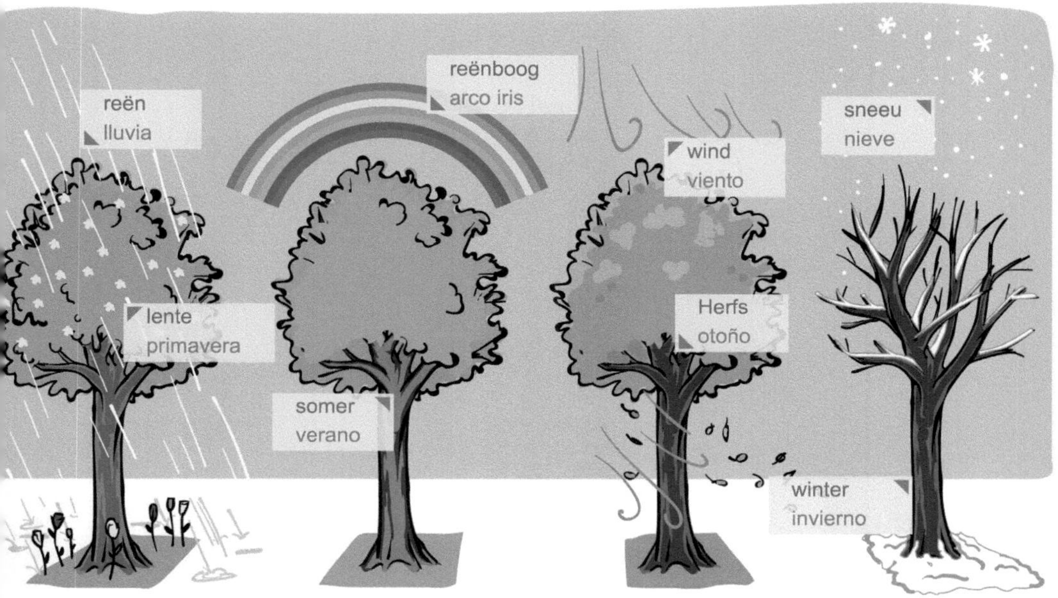

reën
lluvia
reënboog
arco iris
wind
viento
sneeu
nieve
lente
primavera
somer
verano
Herfs
otoño
winter
invierno

4.APRIL 11°
5.APRIL 4°
6.APRIL 13°
7.APRIL 8°
8.APRIL 10°

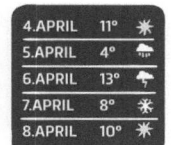

weervoorspelling

pronóstico meteorológico

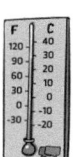

termometer

termómetro

sonskyn

luz del sol

wolk

nube

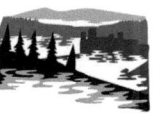

mis

niebla

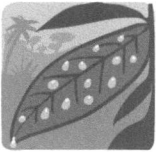

humiditeit

humedad

weerlig

rayo

donderweer

trueno

storm

tormenta

hael

granizo

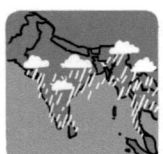

reënseisoen

monzón

vloed

inundación

ys

hielo

Januarie

enero

Februarie

febrero

Maart

marzo

April

abril

Mei

mayo

Junie

junio

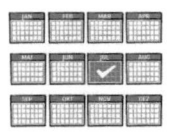

Julie

julio

Augustus

agosto

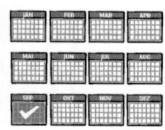

September
....
septiembre

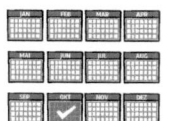

Oktober
....
octubre

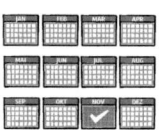

November
....
noviembre

Desember
....
diciembre

vorms

formas

sirkel
....
círculo

vierkant
....
cuadrado

reghoek
....
rectángulo

driehoek
....
triángulo

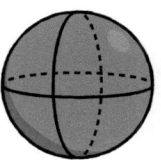

gebied
....
esfera

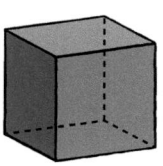

kubus
....
cubo

wit

blanco

geel

amarillo

oranje

naranja

pink

rosa

rooi

rojo

pers

violeta

blou

azul

groen

verde

bruin

marrón

grys

gris

swart

negro

'n baie / 'n bietjie

mucho / poco

kwaad / kalm

enojado / tranquilo

pragtig / lelik

lindo / feo

begin / einde

principio / fin

groot / klein

grande / chico

helder / donker

claro / oscuro

broer / suster

hermano / hermana

skoon / vuil

limpio / sucio

volledige / onvolledige

completo / incompleto

dag / nag

día / noche

dood / lewendig

muerto / vivo

wyd / smal

ancho / angosto

eetbare / oneetbaar
comestible / no comestible

kwaad / vriendelik
malo / amable

opgewonde / verveeld
entusiasmado / aburrido

vet / maer
gordo / flaco

eerste / laaste
primero / último

vriend / vyand
amigo / enemigo

vol / leeg
lleno / vacío

hard / sag
duro / blando

swaar / lig
pesado / liviano

honger / dors
hambre / sed

siek / gesond
enfermo / sano

onwettige / wettige
ilegal / legal

slim / dom
inteligente / estúpido

links / regs
izquierda / derecha

naby / vêr
cerca / lejos

nuut / tweedehands

nuevo / usado

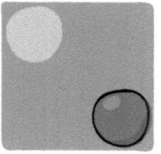

niks / iets

nada / algo

oud / jonk

viejo / joven

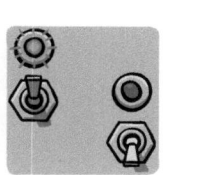

aan / af

encendido / apagado

oop / toe

abierto / cerrado

stil / lawaaierig

silencioso / ruidoso

ryk / arm

rico / pobre

reg / verkeerd

correcto / incorrecto

grof / glad

áspero / suave

hartseer / gelukkig

triste / contento

kort / lank

corto / largo

stadig / vinnig

lento / rápido

nat / droog

mojado / seco

warm / koel

caliente / frío

oorlog / vrede

guerra / paz

0

nul

cero

1

een

uno

2

twee

dos

3

drie

tres

4

vier

cuatro

5

vyf

cinco

6

ses

seis

7

sewe

siete

8

agt

ocho

9

nege

nueve

10

tien

diez

11

elf

once

12

twaalf

doce

13

dertien

trece

14

veertien

catorce

15

vyftien

quince

16

sestien

dieciséis

17

sewentien

diecisiete

18

agtien

dieciocho

19

negentien

diecinueve

20

twintig

veinte

100

honderd

cien

1.000

duisend

mil

1.000.000

miljoen

millón

Engels

inglés

Amerikaanse Engels

inglés americano

Mandaryns

chino mandarín

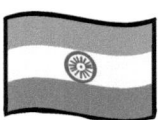

Hindi

hindi

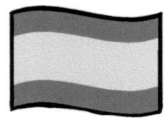

Spaans

español

Frans

francés

Arabies

árabe

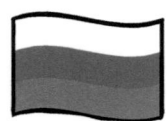

Russies

ruso

Portugees

portugués

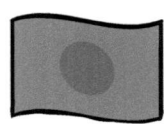

Bengaals

bengalí

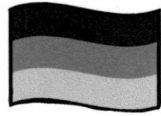

Duits

alemán

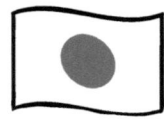

Japanees

japonés

Ek

yo

jy

vos

hy / sy / dit

él / ella

ons

nosotros

julle

ustedes

hulle

ellos

wie?

¿quién?

wat?

¿qué?

hoe?

¿cómo?

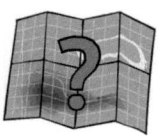

waar?

¿dónde?

wanneer?

¿cuándo?

naam

nombre

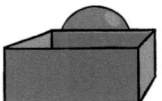

agter
....
detrás

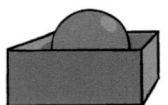

in
....
en

voor
....
adelante de

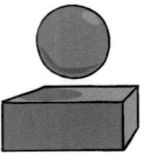

oor
....
por encima de

bo-op
....
sobre

onder
....
debajo de

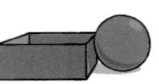

langs
....
al lado de

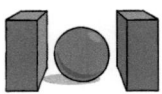

tussen
....
entre

plek
....
lugar